Давронбек Урунов
Davron Urunov

Икки йўл
(Ikki yol)

(Падари бузрукворимга)

© Davron Urunov
Ikki yol
by: Davron Urunov
Edition: August '2024
Publisher:
Taemeer Publications LLC (Michigan, USA / Hyderabad, India)

ISBN 978-93-5872-804-0

© **Davron Urunov**

Book	:	**Ikki yol**
Author	:	Davron Urunov
Publisher	:	Taemeer Publications
Year	:	'2024
Pages	:	118
Title Design	:	*Taemeer Web Design*

Ижодкор ўзи ҳақида. *Мен Давронбек Урунов Шоназарович 1967-йил 18-октябрь куни Хоразм вилояти Богот тумани Найман кишлогида туғилганман. Оилаликман. Уч нафар кизим ва битта ўглим бор.*

Маьлумотим:Олий. Тошкент Ирригация ва Кишлок Хўжалигини Механизациялаштириш Инженерлари Институтининг Кишлок Хўжалиги яьни ким Инженер - педагог мутахассислигини 1993-йил тугатганман. Кўп йиллар ўзимизнинг кишлокдаги касб - хунар коллежида фаолият кўрсатдим . Сабаблар билан хозирги кунда Москва шахрида мусофирчиликдаман. Худо хохласа юртимизга бориб , яьна ўз ишимни давом килдираман.

Ижодга келсак олдинлари туман газетасида кичик макола ва шеърларим чиккан.Бу мени мактаб даврларимга тўгри келади. Устозларим ўша даврларда кўп йиллар туман газетасида мухаррир бўлган инсон Ражаббой ака Раззаков ва Холмурод ака Курбановлардир.

Шоирликка давом йўқ аслида. Аммо ёзгим келади.Ёзганларим икки дафтар бўлибдики,ҳа энди чоп этсакмикин деган хаёл келди.
Шеърларим падарибузрукворим ва волидамга бағишланади ҳаммаси.
Мен мен бўлибманки,ёзгичларим бари уларники...

Муаллифдан

Одамийлик-меҳри ўлмагай

Топдим Фарғонадан битта гўзални,
У менга сингилдек сирдошим бўлди.
Топдим латофатли сўзи асални,
Унинг бу меҳридан юрагим тўлди.

Асал томган каби дилга ёқади,
Нигоҳидан кўз узолмай адоман.
Танамда ишқининг қони оқади,
Ошиқ бўлган девона гадоман.

Ҳусни таърифига тилларим ожиз,
Киприклар найзаси бағрим тешади.
Ойдан тушганми ё латофатли қиз,
Суҳбат қурган сари меҳрим ортади.

Мендаги занг босган қалбинг тубини,
Ширин сўзи ила тозалаб қўйди.
Икки елкамдаги фариштасини,
Савоб иши бор деб –шарафлаб қўйди.

Овозида гўё илоҳийлик бор,
Бесабр бўлибон хабар кутаман.

Чатга киришига кўзим интизор,
Рўё елкасига бошим қўяман.

Илоҳо соғ бўлинг нурларга тўлинг,
Меҳрга ташна дил хуноб бўлмасин.
Елим ардоғида хурматда бўлинг,
Мен севган юлдузсиз, у ҳеч сўнмагай.
Ҳаргиз одамийлик меҳри ўлмагай.

Бир шеър ғояси

Бир шеър ғоясини роса изладим,
Суръатинг кўрибон қуйилиб келди.
Олдин сўзин эшитиб бағрим тузладим,
Оҳ уриб йиғлашдан юрагим куйди.

Мусофир аёлин қадрига етмай,
Шўхлик қилаётир ҳар куни у ер.
Шундай моҳитобон гўзални севмай,
Кимнинг пойларини ўпиб ёрим дер.

Еҳ унинг қадрига етмассан сира,
Аёлинг уч жойда тинмай ишлайди.
Кўрмайсан чиройин кўзларинг хира,

Хиёнатингдан у қалбин ғашлайди.

Қани менда бўлса шундай ижодкор,
Юрардим ҳамиша кафтимда олиб.
Гул тутиб қилардим, муҳаббат изҳор,
Сен каби ҳеч қачон толмасдим севиб.

Ухлацам эркалаб оёғин кучиб,
Шоядки, чиройли тушлар кўрсайди.
Тонг саҳар уйғоцам юзидан ўпиб,
Биринчи бўсасин менга берсайди.

Нега ёзаяпман бу сўзларни бил,
Кеч бўлмай бағрингни очиб уни куч.
Унинг қоралигин яширади дил,
Агар уни севмасанг узоқларга уч,
Сендек номардларга бўлмагаймиз дуч.
15.12.2023 йил

Шодланиб юринг

Сизни самоларда олиб учардим,

Мўжиза рўй бериб бўлсамдир жоду.
Ойда хуснингизни тўлиқ чизардим,
Бу сизга изҳорим Хуршидабону.

Тилагим юзлардан ошиб юргайсиз,
Шивирлаб пинхона айтаман сўзим.
Бу дунё бор экан сиз ҳам тургайсиз,
Жоним фидо бўлгай айланай ўзим.

Тугатай деймани тўрт мисра билан,
Юрагим қўймасдан ёз деса нетай.
Ғоя келаверди бир шарпа билан,
Самарқанд гўзали моҳим деб айтай.

Тингласа шеърларим кўзларин олиб,
Вужуд жумбушларга келиб кеца бас.
Оҳларда қорлар ҳам кецайди ериб,
Назмингиз қалбимга кирди деса бас.

Байрам-у тантана шукрона куни,
Қутловлар табриклар ҳар бир инсондан.
Ей азиз қадрдон билинглар шуни,
Мусофир дуоси бари Даврондан.

Ўғил-қизингизни роҳатин кўринг,
Енг олий бахтингиз шуни тилайман.
Фақат яхши ўй-у хаёллар суринг,
Ижодкор синглимга қадр тилайман.
Очилиб-соҳилиб, содланиб юринг.

                              18.12.2023 йил

Олисларда қолиб кетган муҳаббат

Ўтмишимни ҳар кун еслаб яшайман,
Менга қолган севгилимдан бир суръат.
Соғинганда бориб сойга қарайман,
Олисларда қолиб кетган муҳаббат.

Қўл тутушиб юрар едик боғларда,
Бизга ҳавас қилар еди гулзорлар.
Ишқ оташин ёнган ўша чоғларда,
Юрагимни қийнар бугун озорлар.

Қалбим бўлиб куйланарди қўшиқлар,
Вужудимни бир-бир чертиб оҳанглар.
Қутлов айтиб –бахт тиларди ошиқлар,

Тунда хайр тилаб ёришган тонглар.

Армон менга ўша ўтмиш дамларим,
Севганига етишганлар бахтлидир.
Ич-ичимни езар турмуш ғамларим,
Севмаган ёр биллан яшаш хавфлидир.

Шеър ёзасан ижодингни тингламас,
Ишқсиз яшар –яшайди нафсига қул.
Ошиб қалбинг ҳатто меҳрини бермас,
Бу яшашдан кўра юрагингни юл.

Шул сабабдан дейилган бу муҳаббат,
Қадринг билса бошинг егсанг арзийди.
Бирга яшаб гар бўлмаса садоқат,
Ундай инсон сенга қабр қазийди.
Ўлсанг ҳамки оқибациз яшайди.

18.12.2023 йил

Юрак бағрим тиғлайинми?

Севгим мени олисларда қолиб кетди,
Пинхон юриб юрагимни юлиб кетди.
Тонгдан токи тунга қадар сирлашиб у,

Ёшлигимни бағри-дилим ёқиб кетди.

Бермадилар уч кун бордик уйларига,
Онасини айландика бўйларига.
Мажнун бўлиб, гадо бўлиб девонани,
Кўнглим сезиб бориб қолдим тўйларига.

Бошин егиб турар келин кўзим тушса,
Рози едим юрагим ҳам унга кўчса.
Дардли ҳолда не қиламан бу аъзони,
Пешонам ҳам тақдир дея наҳот куйса.

Севмаганга нечун йигит суйканади,
Кўз остидан қиз ҳам қараб ўйланади.
Олиб қочиш хаёлимга келаверар,
Тўлғоқ тутган аёл каби тўлғонади.

Не қилайин тўйин бузиб тўхтатайми,
Халқга борин ошкор қилиб атайинми,
Бир қучоқ гул қўлларига тутгазиб-а
Ё мард бўлиб бахтлар тилаб қайтайинми.

Дардли нола битиб қўшиқ куйлайинми,
Аламжон деб –тиззам ташлаб йиғлайинми,
Айтинг дўстлар қўлдан кетган ёримни ай,

Ҳар кун еслаб юрак бағрим тиғлайинми.

19.12.2023 йил

Юрагим жойига тушмади ҳали

Ўлмабди Муҳаммад Юсуф ижоди,
Ўхшамасин қаҳрамоним ҳаёти,
Қалбларни ларзага солар баёти,
Ижодидан ижро қилди БекАли.
Юрагим жойига тушмади ҳали.

Йўналиши ўхшар Абдулла Орифга,
Не хожат азизим ортиқ таърифга,
Қарайди сатрга сўзу-ҳарфларга,
Ижодидан ижро қилди БекАли.
Юрагим жойига тушмади ҳали.

Ният қилиб тургандек Омон Матжон,
Дўстларим сўзимдан бўлмаганлар ҳайрон,
Дуолар келтирмиш улкан шараф-шон,
Шеърларидан ижро қилди БекАли.
Юрагим жойига тушмади ҳали.

Шогирд деб ҳайқирар Еркин Воҳидов,

Ёзгин сен дейдилар ўзбекона соф,
Руҳим кезар сизла чекманг истироф,
Шеърларидан ижро қилди БекАли.
Бу юрак жойига тушмади ҳали.

Назмидан олар ором ёруғ жаҳон,
Тарихда қоласиз айланиб замон,
Буни ишонч билан айтади Даврон,
Ижодидан ижро қилди БекАли.
Юрагим жойига тушмади ҳали.
Тингланг шеърларини кетмасдан нари.

20.12.2023 йил

Хайрли тонг!

Бол томади лабидан,
Меҳри оқар қалбидан,
Ўт чақнар шаштидан,
Азизам хайрли тонг!

Юзи лов-лов ёнади,
Сўзидан дил қонади,
Менга сирдош бўлади,
Азизам хайрли тонг!

Чарақлагай офтобинг,
Жўнатади ҳар ёққа,
Яшнар кирганда боғга,
Азизам хайрли тонг!

Фарзандим деб куяди,
Уларни хўп суяди,
Кулгичи бор кулади,
Азизам хайрли тонг!

Шеъримни ешица ёққай,
Хуснига гулар боққай,
Даврон ҳар тонг шеър ёзгай,
Азизам хайрли тонг!
Дилбарим хайрли тонг!

    14.11.2023 йил, Москва шаҳри

Нердасан.
Ўн беш дўстларим сони,
Айтинг қолганлар қани,
Сенга ватаним шони,
Муҳаммаджон нердасан.

Ел-юртнинг ташвишида,

Хато йўқдир ишида,
У севимли кишида,
Яраш қози недасан.

Омоновлар сулоласи,
Домулламиз боласи,
Етгай дўстнинг ноласи,
Қаҳрамонжон нердасан.

Тожик миллатина хос,
Ўйлаб қадамингни бос,
Бу дўстларим санга мос,
Толиб жўра нердасан.

Дўстим ола қол қиттак,
На бўлибди қуйиб барсак,
Бу шеъркара чалинг қарсак,
Қувондиқ сан нердасан.

14.11.2023 йил, Москва шаҳри

Ерта-тонг саҳар.

Нега бунча қўрқдим сўз айтолмасдан,

Ғурурли қиз еди панага кўчдим.
Еслаб тўлғонаман ҳеч ухлолмасдан,
Сенга ўша сирли ишқимни очдим.

Шу мактаб, шу парта, шу қора кўзлар,
Мени хушим олиб қилди сарпараст.
Қулоғимда яряр дилкаш бу сўзлар,
Ўша юз, ўша кўз қилар мени маст.

Ҳеч нима демасдан ўқиб тинглаб қўй,
Фақат ўша қизга айтилган шеър де.
Ўн икки ёшли у –қалам қўшли бўй,
Ишқнинг оволидан битилган шеър де.

Кўзингни юмганда уни есга ол,
Кўрасан кўзларин жасур қоматин.
Юрганда телефон чап томонга сол,
Хабар ёзганида кўргин юрагин.

Не қилсин юраги оҳ тингламаса,
Кўнглига таскинмас ҳар зар-у гавҳар.
Ўша кўзлар уни гар алдамаса,
Унутиб бўлсайди у сени Дилбар.
Бу шеърни ёзибди ерта тонг саҳар.

                                15.11.2023 йил

Меҳр беринг
Фарзандларин ташлаб келган,
Орзуларин ерга кўмган.
Тақдири ҳам шундай битган,
Мусофирга меҳр беринг.

Билсангиз гар кўнгли ярим,
Азизим денг сизга борим,
Қалбимда дер виждон орим,
Мусофирга меҳр беринг.

Хабарлардан кўп жўнатинг,
Хазил-хузил гапдан айтинг,
Хафа қилиш шаштдан қайтинг,
Мусофирга меҳр беринг.

У сизларни яхши кўрар,
Илиқ-илиқ сўзлар терар,
Жон десангиз қалбни берар,
Мусофирга меҳр беринг.

Баҳор келса яшнар дилдан,
Роҳатланар гулзор гулдан,
Айтинг унга чин кўнгилдан,

Мусофирга меҳр беринг.
У инсонга меҳр беринг.

16.11.2023 йил

Кайфиятни туширма

Синфдошман-дўстингман,
Мандан сиринг яширма.
Сен ичим бўл –ман сирингман,
Кайфиятингни туширма.

Тўмарис деб айтмаганман,
Оташингни ўчирма.
Меҳр кўзда боққанман,
Кайфиятинг туширма.
Нега бунча хафасан,
Ғазабингни оширма.
Дўстларингга вафосан,
Кайфиятингни туширма.
Қадрдон-меҳрибонман,
Етдан тирноқ айирма.
Минг шукур ман омонман,
Кайфиятингни туширма.

Тенгдошингман-акангман,
Дўстлик белин қайирма.
Кузатаман ҳамон ман,
Кайфиятинг туширма.
Ким қандай юрса юрсин,
Сабр қилу-шошилма.
Майли у нурга тўлсин,
Кайфиятинг туширма.
Қалбдан меҳринг қочирма.

17.11.2023 йил

Тушларимда кўргим келади

Нигонинг қаршимда рўбара бўлар,
Ўша кўз, ўша қош, ўша сунбул соч.
Гўё юзларимдан ёшимни айтар,
Дегандек туюлар кучоғингни оч.

Мен ёнингдаман нега йиғлайсан,
Увол севгимизни еслаб қийнама.
Зериксам болалик чоғим еслайман,
Мени бахтиёр деб- ҳеч ҳам суюнма.

Ҳаётинг айт қандай –мен ҳам шундайман,
Севгим қолиб кетган ўтган жойларда.

Эски мактаб партам қўмсаб йиғлайман,
Бахтим қолиб кетган ўша жойларда.

Қиз деди- Билмагандим мени бунча севишинг,
Тутмасмидим маҳкам икки қўлингдан.
Кўз ўнгимда турар ҳамон кулишинг,
Биринчи чиқмадим нега йўлингдан.

Энди фойдаси йўқ еслатма ҳеч ҳам,
Ҳамон болаликка қайтгум келади.
Уйимга борайин тушибди кеч ҳам,
Баланд арғимчоқда учгим келади.
Сени тушларимда кўргим келади.

18.11.2023 йил

Севгилим

Бизни айирдилар ишқнинг конидан,
Сургунча ҳайдашди ул маконидан,
Муҳаббат оқарди томир қонидан,
Соғиниб яшайман сизни севгилим.

Ҳали ҳанузгача бу кўзларда ёш,
Айриликка юрак беролмас бардош,

Пинхона севишдик –бўлгандик сирдош,
Соғиниб яшайман сизни севгилим.

Биламан мажбурлаб берурлар ёрга,
Раҳим қилмадилар мен бечорага,
Қалблар чидолмайди бундай озорга,
Соғиниб яшайман сизни севгилим.

Есимда илк борги учрашувимиз,
Чўзиларди узоқ тортушувимиз,
Бахтга еталайди чорлашувимиз,
Соғиниб яшайман сизни севгилим.

Қочар едик ёмғир ёғса панага,
Юракларни чизар едик қайтанга,
Йигирма йил бўлибди бу санага,
Соғиниб яшайман сизни севгилим.

Аримас соғинчлар юрагимиздан,
Сўндириб қўйдилар умидимиздан,
Шод бўлмас айирган бир-биримиздан,
Соғиниб яшайман сизни севгилим.

Узоқда бўлсакда юраклар яқин,

Улар сирлашади гоҳо яширин,
Даврон тўкиб сочди дилимда борин,
Соғиниб яшайман сизни севгилим.
Қалбимда екилган сиз мени гулим.

11.12.2023 йил

Чаён чиқдими

Укажон улашибсан суюқ оёққа,
Уни сенга шунча меҳри ошдими.
Боряпсан айт менга ўзи қаёққа,
Аёлинг қўйнидан чаён чиқдими?

Зинонинг жавоби ҳар недан қийин,
Бу сенга мана шу дунёда қайтар.
Ичим ёришар у йиғлаган сайин,
Сенга қадрдонлар ланатлар айтар.

Ҳали ҳам кеч емас кўзгинагни оч,
Сўнги пушаймонлар товони ёрар,
Хидоятга кир-у ул шайтондан қоч,
Бу айб бир умр кўксинда турар.

Хўп деигн бошгинангни саждага қўй,

Дуо қил фарзандингга, набирангга.
Йўқ десанг келгин мени бўғзимни сўй,
Уриб кўлим юзгинангга қора панжа.

Бу рангларку яшашингга имкон бермас,
Дард келиб қолганда барчаси оғир.
Сенга бу кун ҳеч ким меҳрибпн бўлмас,
Сенингдек номардга сўз зоя кетар.
Даврон хайратланиб шеърларин битар.

20.12.2023 йил

Тонгги салом

Йўллайман дўстларга тонгги саломни,
Бу шеърнинг боши бор охири йўқдир.
Ёритдим тегмасин ичда аламни,
Огоҳ бўлинг буниси аччиқ ўқдир.

Ўтган битигимга айтилди забон,
Хасталик Аллоҳдан келган бир синов.
Ахир ўртанади қийналади жон,
Бировнинг қалбини билмайди биров.

Шеърни яратгувчи кудратли Аллоҳ,

Унга сабабчидир илҳом париси.
Мен хаваскорга ҳам келар гоҳда-гоҳ,
Онам ҳам хуш кўрмас айцам тўғрисин.

Ёзсамда енгилман ижроси ёқар,
Мендан ўтганини сиз ҳеч билмайсиз.
Ёзмасам юрагим оғриқдан қийнар,
Сабр қилинг кунда бир шеър куйлайсиз.

Шоирлик аслида касб ҳам емас,
Бунга қандайин бир таъриф берайин.
Келганин ёзмасам хордиғим чиқмас,
Сизга шеър ёқмаса майли ўлайин.

Бу фожиага албатта сиз гуноҳкор,
Айбингиз қалбимга қиро билмаслик.
Наҳот шеър ёзолмай ўлса ижодкор,
Хатоларин шоир дилин сезмаслик.

Шоирдан ёмонлик ҳеч чиққан емас,
Унинг бойлигидир қалам дафтари.
Ёзмасликка асло юраги кўнмас,
У ёзса ичидан учар каптари.

Гуллаб яшнайверар ижод мактаби.

22.12.2023 йил

Етти қиз

Етти қизнинг ичида гўзали,
Сени излаб бўлмоқдамиз овора.
Соғинтирар шоирингнинг сўзлари,
 Қадрдоним-синфдошим Сайёра.

Жиззахда тарбия масканида у,
Кўним топдимикан биздан кетган гул.
Синфдош дўстлар юрагида у,
Бунча меҳрибонсан айтгин Жумагул.

Фақат ушбу суръат менга аёндир,
Қаерда екан бу очилган лола.
Азизам кел ушбу даврани ёндир,
Нега тортиняпсан биздан Жамила.

Сен билан ўтирганим еслайсанми,
Қалбинг интиляпти сен еса безор.
Ҳозирда ҳам шундайин йиғлайсанми,
Кел қўшил гуруҳга келгин Интизор.

Оҳ бу кўзларинг ҳеч есдан чиқмайди,
Умрим тугаб кетиб қолсам ҳам агар.
Сўзларинг олмосдек, кўзинг чақнайди,
Сен ҳали ҳам ўша нурлисан Дилбар.

Бунча узоқларга сотилиб кетдинг,
Кўнглимиз юмшатма сабримиз тугар.
Дийдорга етолмай оҳ уриб тондинг,
Хотирадан ўчмай келгин Муяссар.

Мен сенга нималар дейман айт ростин,
Васлинга етишчун бўлдим овора.
Топа қол ёшликнинг ғурурли шаштин,
Дўстларга тилагинг айтгин Нигора.
Юрагим жўш урар ешицам тобора.

23.12.2023 йил

Сиз-ла қоламан

Ғоя излаб шеър ёзаман узоқ тун,
Ерта тонгдан нонуштада тинглангсиз.
Дарс қолдирмай аъло ўқинг Хумоюн,
Янгиликлар топиб илм изланг сиз.

Айтганингиз қилса ахир меҳридан,
Хумоюнжон қалбга киргани ростдир.
Ёмон бўлса бўлар ғазаб қаҳрдан,
Ундай одам ел ичида хўп пастдир.

Бойликларга тўлиб тошиб келганлар,
Фарзандлари хулқи бузуқ хор бўлар.
Оқибатдан кўнгли нурга тўлганлар,
Қобил фарзанд шижоатли бор бўлар.

Мақтама давлатинг фарзанд олдида,
У дангаса бўлиб қолиши тайин.
Салобатли ота мудом ботлида,
Ўғил-қизин меҳри ошар кун сайин.

Уруш-жанжал бўлаверса ҳар куни,
Фарзандлар асабий бўлиши аниқ.
Саловатлар айтиб йиғланг ҳар туни,
Шунда ҳидоятга киришар тўлиқ.

Ўтқизганман бошдан кўп минг савдони,
Шу аснода билинг шеърлар ёзаман.
Юрайлик биз сира топмай ғавғони,
Билинг қалбдан иссиқ меҳр бераман.
Минг бор шукур албат сиз-ла қоламан.

24.12.2023 йил

Нега гетдинг

Ғоя галди қўлга қаламим олдим,
Дўстдан эшитган сўзим шеъримга солдим.
Оҳ сен билсанг еди холимдан тўйдим,
Бизни ташлаб нера гетдинг Интизор,
Синфдошинг қалбина бариб озор.
Умрбек сўрийди номеринг бар деб,
Юборган овозим сабрла тинглаб.
Биласан даб-қитиқлийди атайлаб,
Бизни ташлаб нера гетдинг Интизор,
Синфдошинг қалбина бариб озор.
Тўравой тонг саҳар сўрар гечгача,
Ухлолмапди эшитишимча уч кеча.
Қидирармиз ер юзидан шошганча,
Бизни ташлаб нера гетдинг Интизор,
Синфдошинг қалбина бариб озор.
Толибжон Кавказдан сани йўқлайди,
Соғинчдан ўртаниб юм-юм йиғлайди.
Болаликни эслаб бағрин тиғлайди,
Бизни ташлаб нера гетдинг Интизор,
Синфдошинг қалбина бариб озор.

Жумагул Жиззахда тоғлара чиқиб,
Ҳайқирар бордими садоси етиб,
Кеча-кундуз куяр ўз-ўзин езиб,
Бизни ташлаб нера гетдинг Интизор,
Синфдошинг қалбина бариб озор.
Тўрт йиллик партадош ҳаққи ҳурмати,
Йигитликнинг қайда қолди савлати,

Галмасанг бўлмас дўстинг халовати,
Бизни ташлаб нера гетдинг Интизор,
Синфдошинг қалбина бариб озор.

                      25.12.2023 йил

Қутлов

Узоқ тун хаёлим чулғаб олади,
Нима қилишга ҳам ўзим ҳайронман.
Шеър ёзсам албатта қалбда қолади,
Ғоя излаб парвонаю-гирёнаман.

Илҳом келди айём муборак дея,
Куёвини сийлаганлар пайғамбар.
Қалбдан битик ёзай деб айтдим боя,
Ижодимни қўллагай ул зоти сарвар.

Шукрона кунингиз муборак бўлгай,
Москва шаридан табрик йўллайман.
Уйингиз ҳамиша нурлага тўлгай,
Порлоқ йўлингизни дуолар ила қўллайман.

Сизнинг оилага меҳр ярашар,
Шарқ-у мағриблардан излаб юрмангиз.
Айцам у пинхона ҳар қалбда яшар,
Сиз уни ранжитиб афсус чекмангиз.

Аҳл яшанг кўриб қувнайди кўзлар,
Оқибатни шу манзилга ўрнатинг.
Сизга олқиш берар айтилган сўзлар,
Бу масканни гулзор қилиб гуллатинг.

Бўйларингиз кўриб ҳар ким ҳавас қилар,
Кўз тегмасин бахтингизга-тахтингизга.
Ҳар тилакка тоза кўнгил тўлар,
Биз қойилмиз илдам босган шаштингизга.

Хоҳлагунча ўғил-қизлардан кўринг,
Комил фарзанд –қориялар буюрсин.
Бошни фақат ҳидоятларга буринг,

Қалбда еса оқибатлар курилсин.
Уйингиздан чақалоқ сас ештилсин.
26.12.2023 йил

Еслайман

Ёшлик пайтларимда опичиб юриб,
Еркалаб осмонга отиб кўтариб,
Кучганлар укам деб бағрини очиб,
Соғинчдан Хонназар оғам еслайман.

Умиджон елкада тоғни тутади,
Ўғлим-қизим деб заҳар ютади,
Интиқиб уларни тўйиб кутади,
Соғинчдан Хонназар оғам еслайман.

Мен сизни жуда ҳам яхши кўраман,
Соғинчим қудангизга сўзлаб бераман,
Улар сахий инсон шуни биламан,
Соғинчдан Хонназар оғам еслайман.

Баҳор келишидан тўйлар бўлади,
Кўкламда уйингиз нурга тўлади,
Остонадан қуёш салом беради,
Соғинчдан Хонназар оғам еслайман.

Улар бахтли бўлсин руҳингиз шоддир,
Исмингиз акажон қалбларда ёддир,
Сиз яшаб ўтган бу жойлар ободдир,
Соғинчдан Хонназар оғам еслайман.

Деворларда қўлларингиз изи қолган,
Ел ичида акажоним юзи қолган,
Айтаверай тақсир деган сўзи қолган,
Соғинчдан Хонназар оғам еслайман.

Набирангиз гўзал бир қизни топди,
Аллоҳга минг шукур у бахтини топди,
Бобосига мос бўлган нур изни топди,
Соғинчдан Хонназар оғам еслайман.
Соғиниб Хонназар оғам еслайман.

27.12.2023 йил

Назмга қалбдан кир

Менга илоҳийдан келаверади,
Қўлимга қаламим олаверама н.
Тулкилар пойларин излайверади,
Мен еса шеърларим ёзайверaман.

Унга нима екан бунча паст кетиш,
Қаламим учини синдирмагин дўст.
Қадрини йўқотиб бунча сўз айтиш,
Бошқани таҳқирла етмади-ку кўст.

Ижодиёт билсанг мени жон дилим,
Нега йўлларимга бунча ғов бўлдинг.
Сен одам бўлганда олардинг кўнглим,
Сўнгги қонишгача қолдирмай сўрдинг.

Билмаган еканман ташналигингни,
Ўйлайман чанқоғинг энди босилди.
Билдим-ку латта-ю пашнолигингни,
Ит ҳуриб карвонга бунча осилур.

Хаёллар сурасан ёзмайди дея,
Сени бу қарашинг илҳом беради.
Менинг ўрним екан енг баланд қоя,
Сени чумолидек кўзим кўради.

Чувалчангга ўхшаб судралиб келдинг,
Гўнг қазишдан бошқа нарса билмадинг.

Шеърни тушунмасдан шунчаки ешитдинг,
Юрагим бошқада уни тилмайсан.

Бунча мени ўзинг мажбурлаб қўйдинг,
Нафсингга қул бўлиб қайга борасан.
Синглим деганимга танбехлар бердинг,
Меҳрингни бермасанг қуруқ қоласан,
Назмга қалбан кир-шунда биласан.

27.12.2023 йил

Тилак

Водий бебаҳо чиройли ўлка,
Гар мен соғинсам у ҳам интизор.
Бу ҳолатдан еса юрагим тилка,
Бу масканда яшар синглим Гулбаҳор.

Туғилган айёмингиз муборак бўлсин,
Қалбимдаги исхор тилакларим шу.
Умрингиз кувонч-у шодликка тўлсин,
Янги йил олдидан истакларим шу.

Қўшалоқ байрам бу яшнамоқ керак,
Тўлқинланиб юракни солиб ларзага.
Булбулдек Дилнаво сайрамоқ керак,

Чиқаринг ҳасратни ичдан юзага.

Бу бўлсин оташ-у ҳамнафас дилга,
Ўғлингизга шундай тилакларим бор.
Илҳом келар менга қарасам гулага,
Сиз каби водийда юракларим бор.
Улар ҳам дийдорга мудом интизор.

                                      27.12.2023 йил

Тўртликлар

Бу мисрам сенга Дилбар,
Айтай тингласанг агар,
Сен ёшлик –беғуборим,
Шеър битай ҳар тонг саҳар.
***
Ёшлигим бу арموним,
Ҳеч ким дардга дармоним.
Етишолмадим сенга,
Қалбимдасан Дилбарим …

Туш гўрдим

Дилбар бугун душ гўрдим,
Душумда сани гўрдим.
Сал ғамгинроқ юрибсан,
Гоҳ кулиб, гоҳ йиғлайсан.

Кўнгил бераман санга,
Гўзлариндан ёш артиб.
Маъюс боқасан манга,
Жон раҳмимни галтириб.

Юракдаги музларинг,
Меҳрим ила арибди.
Дилдаги бўл сўзларинг,
Қалбим томон юрийди.

Сани яхши гўраман,
Аввалом Аллоҳ учун.
Билсанг хаёл сураман,
Ул зотдан паноҳ учун.

Айтаман туш ростими,
Ишонавер азизам.

Ҳеч ким олмас қастини,
Уялмоқда бу юз ҳам.

Нишатиб айцам бўлар,
Қўрқма чуқур гетмимиз.
Манга оз меҳринг етар,
Кўнгилни дим бармимиз.

Ишонч ва ҳаракат бор,
Ўзим қўлга оламан.
Юрак санга интизор,
Чегарани биламан.

Борибмиз Тошгантлара,
Қидирибмиз катта дом.
Тош. Обл Ташкентлара,
Борганда гирибди шом.

Баланд тоққа гирибмиз,
Чарчаб-чарчаб узалдик.
Қалбни-қалбга қўйибмиз,
Оғир дарддан тузалдик.

Иккимизнинг дардимиз,

Аниқ айцам юракда.
Йўқотмайлик қадримиз,
Сўз илғори тилакда.

Соғ бўлгин-у саломат бўл,
Оҳ тиқларинг бахтига.
Тилагим нурларга йўл,
Суян улар тахтига.

Очдим кўзимни дарҳол,
Қарасам у туш екан.
Бўлибман аста беҳол,
Танга санчилди тикан.

Уйқудан уйғонмасам,
Душим адо бўлмагай.
Ўша тоғдан қайтмасам,
Роббим ўзи қўллагай.

Биз етмаган орзуга,
Фарзандларимиз ецин.
Севган ёри кўзига,
Мен каби ошиқ бўлсин.
Юраги ишққа тўлсин.

28.12.2023 йл

Забардаст инсон

Шеър ёзаман ҳар куни,
Дилбар инсонлар учун.
Ғоя излай ҳар туни,
Сабр кўрсацин кучин.

Йўлда хавфсизликларни,
Умрбек бошқаради.
Амир хавфли чизиқларни,
Босманг дея қайтаради.

Оилангни олдига,
Хоҳлайди минг боришинг.
Нур сочган ул қуёшни,
Истайди хўп ботишинг.

Тинчлик сўзин маъноси бор,
Соғ-саломат юриш бу.
Қалбга ҳеч бермай озор,
Тонг саҳардан туриш бу.

У инсонга бош егинг,

Халқи учун қўймоқда.
Қалбга кўп меҳр беринг,
Шоир дилга тўлмоқда.

Айтаман десам гап кўп,
Буни ҳамма билади.
Умрбек югурар хўп,
Дўстга бағрин тилади.

Илоҳо соғ бўлгин деб,
Доим ният қиламан.
Омонликда юргин деб,
Ҳар кун дуо қиламан.
Қалбим уйғоқ еканку,
Билинг шеърлар ёзаман.

28.12.2023 йил

Гаплашали-сирлашали

Шодон ўтган болаликдан,
Нурга тўлган ул ёшликдан,
Мактаб чоғи шўхликлардан,
Астагина гаплашали.
Кел жимгина сирлашали.

Ешитгин мани яқин галиб,
Ўзингга дим сирдош бўлиб,
Ҳисларимни қабул қилиб,
Кела қолгин ширлашали.
Кел шивирлаб гаплашайли.

СМСни очмисанку,
Бирор нарса айтмисанку,
Сўз ширасин тотлисанку,
Шу дамларни еслашали.
Шивирлашиб гаплашали.

Оқшом яридан ошганда,
Юракларимиз жўшганда,
Одамлар тинч ухлаганда,
Оқшомда бир сирлашали.
Шивирлашиб гаплашали.

Истамоқда қалбимиз,
Ошкор бўлмас сиримиз,
Йўқ бизни ҳеч айбимиз,
Ич-ичимиз сирлашали.
Астагина гаплашали.

Телефонинг тут қулоққа,
Чиқибмизку сал овлоққа,
Қўйиб лабларни ёноққа,
Бугун сал бир гаплашали.
Юракдан оҳ гаплашали.

29.12.2023 йил

Ўзим қурбон

Ингичка овозингиз,
Ёқар зин қарашингиз,
Акам деб сўрашингиз,
Жоним қурбон синглима.

Қаранг юрак чизаман,
Самоларда сузаман,
Ахир сизни севаман,
Жоним қурбон синглима.

Тозадир юрагингиз,
Бўлайин тиргагингиз,
Менга сиз суянингиз,
Жоним қурбон синглима.

Бўлманг хайрон сўзимдан,
Меҳр қочган кўзимдан,
Хафадирман ўзимдан,
Жоним қурбон синглима.

Дийдор қанчалик ширин,
Очар қалбимиз сирин,
Дардлашайлик ишқ сеҳрин,
Жоним қурбон синглима.
Ўзим қурбон синглима.

29.12.2023 йил

Айёминг муборак

Минг бир ташвиш ила ўтмоқда ҳаёт,
Хўрсиниш ортидан ёзилар баёт,
Оқибат дегани шу бўлса наҳот,
Айёминг муборак меҳрибон қизим.

Сенга беролмайман ул ойни узиб,
Бераман бахтингиз йўлагин чизиб,
Ёзаман шеърларни хаёлда сузиб,
Айёминг муборак меҳрибон қизим.

Ўкинма ўт қалаб турганларинга,
Чанг-у лой кўчада юрганларинга,
Пушаймон бўлмагин севганларинга,
Айёминг муборак меҳрибон қизим.

Обод маҳалласи сизга ҳам келар,
Эски қувур-турба газларга тўлар,
Бир куни Аллоҳим назарин солар,
Айёминг муборак меҳрибон қизим.

Даданг шеър ёзмайди табрик уники,
Айтган тилакларим бари шуники,
Сўрама бу меҳр айтинг кимники,
Айёминг муборак меҳрибон қизим.

Қувонч-шодлигингиз кўрсин бу кўзим,
Юракдан йўллайман қалбдаги сўзим,
Чароғон қилинглар мен кетган изим,
Айёминг муборак меҳрибон қизим.
Қара йиғлаб-йиғлаб кетмоқда кўзим.

            30.11.2023 йил

Кўзларингни бунча яшординг

Жоним кўзларингни бунча яшординг,
Шу кўзлар ишқида бўлганман адо,
Бир паст туролмасдан қайга шошилдинг,
Сизни кутаяпаман деб бергин бир саф.

Лабларинг ғунчаси худди ўшандай,
Қошинга ўсмалар бирам ярашган,
Сўзласанг гўёки асал томгандай,
Хайронман одамлар бунча қарашган.

Учратибман сени қирқ йилдан сўнгра,
Ўша муҳаббатинг қалбимда ҳамон.
Яшадик шунча йил соғинчда айро,
Бағримга отилгин аҳволим ёмон.

Кел сочинг силайман шул дамлар еслаб,
Оқлари турмушнинг зар билан дарак.
Бўйнингдан қучаман билдирмай йиғлаб,
Кецанг бу кеча ўлмагим тайин.

Киприггинг намлайди кўздаги ёшинг,
Кўксимни тўлдирар тушган томчиси.

Туҳмат балоларга чидади бошинг,
Сен бўл юрагимнинг-жоним соқчиси.

01.12.2023 йил

Ишқга йиғлайди

Кечаги кулишлар ишқга йиғлайди,
Гавҳарой хазилга бураб ёзяпман.
Бу тун албатта Аллоҳ қўллайди,
Блок қилманг жоним шуни сезяпман.

Сизнинг нафасингиз илоҳий неъмат,
Бу ҳар ким-ҳар кимга насиб қилмайди.
Гўё асал ялаб ичгандек шарбат,
Буни қалби йўқлар ҳеч ҳам билмайди.

Келинг Москвага кутиб оламан,
Ижодий кечалар ташкил қиламиз.
Кўркам ситига ҳам олиб бораман,
Мусофир мухлисга дастхат ёзамиз.

Мана ўзбегимнинг нурли аёли,
Зулфия, Нодира, Увайсий дейман.
Халқ ичидан чиққан улуғ зиёли,

Гавҳарой бор екан довюрак шеърман.

Сездлар саройида қиласиз ижро,
Пушкиннинг руҳлари егади бошин.
Нимани истаса қиламиз бажо,
Кўнгли бўшлар айтар кўздаги ёшин.

Борсангиз марҳамат меҳмонхонага,
Водийнинг ошлари, жиззали сомса.
Енг зўр артистлари келар хонага,
Хайрон бўлманг улар гулларга кўмса.
Муҳлисни севгингиз юзлардан ўпса.

                                                  2.12.2023 йил

Йўлбарс териси

Кийгизсанг мушукка йўлбарс терисин,
У довюрак мағрур асло бўлолмас.
Не қилар ўрмонда уйида юрсин,
Бу билан ўлжадан ўчин ололмас.

Шундай одамлар бор осмон бўлади,
Ахир айт у кимга ярашар синглим.

Шоир топиб ёзса дейсан йўқолсин,
Ушбу шеърни ёзиб яна бир ўсдим.

У форма аслида кимники билсанг,
Ватанига содиқ ўғлонники бил.
Аллоҳ кечирарми бағримни тилсанг,
Ўйланиб гапиргин суяксиздир тил.

Отам деб йиғлабсан бағримни очдим,
Не керак бу жойда ёшни сўрамоқ.
Синглимдек кўрдим-у меҳримни сочдим,
Шуми савол бериб думоқдан илмоқ.

Аёл қалби ўзи дейдилар нозик,
Нега кўтаролмас мулойим сўзни.
Айтинг суръатдаги кўзлари сузук,
Сизда кўрмаяпман меҳрли кўзни.
Йўқотиб қўйибсиз сингилжон ўзни.

3.12.2023 йил

Юлдузим

Ер юзи айланар кеча-кундузга,
Тунб у ором учун яралган дейман.
Шеър ёздим соғиниб қараб юлдузга,

Афсус кўринмайди юм-юм йиғлайман.

Қўй ўртама кўнглинг сенга бегона,
Қайсидир осмонда чарақлаяпти.
Қалбингни йиғлатма соғиниб яна,
Сендан арази бор ул боқмаяпти.

Дейман алвидо уни кутаман,
Келиб осмонимда бир кун чарақлар.
Шунгача соғиниб шеърлар битаман,
Шунда гиналарин албат унутар.

Айтинг сиз инсоним тўғрими бу йўл,
Сабр қила олсам ўша кунгача.
Яшайман бир умр уза олмай қўл,
Осмонга қарайман ярим тунгача.

Тепамда булутлар қат-қат сузяпти,
Юлдузим соғиниб кетди чоғимда.
Мусаффо осмонни у ҳам кутяпти,
Кўкламда чорлайман баланд тоғимда.

Бу тоғ менга назм-илҳом бағишлар,
Юлдузим самода порлаб турарди.
Санчилса қалбимга ўкинчли нишлар,

У маъюс боққанча далда берарди.
Юрагим тушунган бир ўша еди.

4.12.2023 йил

Илк муҳаббат

Ерта деб ўйлабман илк муҳаббатни,
Етмабди туйғуга менинг бардошим.
Айтяпти ул дўстим бор ҳақиқатни,
Ичма деб ёқади қалбда оташин.

Ҳеч бир нарса чин севгига етмаскан,
Шаҳло кўзим уни мафтун қилибди.
Умр бўйи жароҳати кетмаскан,
Кеча-кундуз бағри дилин тилибди.

Бўлганман ўзимку жуда ҳам жиддий,
Еътибор берганда яшарди бахтли.
Ўлмасдия тахаллуси Давроний,
Ижод айвони ҳам бўларди тахтли.

Гаплашар хаёлда у соям билан,
Гоҳида йиғлайди-гоҳида араз.
Шу ёшда кечмайди муҳаббатидан,
Биламан кўнглини- йўқ унда ғараз.

Тонгда қарайди у телефонига,
Ёзмасам милтиллаб кўз ёш томади.
Қандай еришайин унинг меҳрига,
Суръатим қучоқлаб тушда кўради.

Жоним десам минг жонини бермоқчи,
Умридан бир ғишти қулаб бормоқда.
Ҳаётим деб улкан асар ёзмоқчи,
Овозимга хумор бўлиб ёнмоқда,
Кўнгли ҳар кун тубанликда чўкмоқда.

4.12.2023 йил

Москвада мусофирда юрган моҳир шеър ижрочиси Хуршидабону ва уларнинг турмуш ўртоқларига бағишлаб ёзилган шеър

"Укам"

Авваламбор ассаломдан бошлайман,
Бу жуфтликни бахтиёр деб синайман,
Қатордан кам бўлмасин тилайман,
Оиласин қалқони жасур укам.
Мусофирда мардона мағрур укам.

Хуршидага имконларни бердингиз,
Ижодига ҳиссаларни қўшдингиз,
Гаплар келса яхшиликка йўйдингиз,
Оиласин қалқони жасур укам.
Мусофирда мардона мағрур укам.

Осон емас бу юртларнинг ишлари,
Жонингиздан ўтиб кетар қишлари,
Қор босқидан ғичирлайди тишлари,
Оиласин қалқони жасур укам.
Мусофирда мардона мағрур укам.

Тонг саҳардан ошиқади бекатга,
Музликлардан кечар раҳмат тоқатга,
Шеър битай қалбдан чиққан садоқатга,
Оиласин қалқони жасур укам.
Мусофирда мардона мағрур укам.

Бўлса дўстим йигит шундай ер бўлсин,
Кўкракларин очиб гўё шер бўлсин,
Шу укамдек оғир босиқ феъл бўлсин,
Айтайин курбон жони жасур укам.
Мусофирда мардона мағрур укам.

Илҳом келиб тўхтатмасдан ёз дейди,
Ёзавергин қўшиқ наво соз дейди,
Ахир қалбллар тўлмай буни оз дейди,
Танида жўшар қони жасур укам.
Мусофирда мардона мағрур укам.

        8.12.2023 йил

Аёлим

Рашк қиламайман сенга қалбим очганман,
Доллар-рубл озгинга сочганман,
Шунча йиллар нега дўстдан қочганман,
Катта карвон ичидасан аёлим.
Кир даврага бузма мени хаёлим.
Дўстларимни ватанига меҳри бор,
Бу сўзимнинг Муҳаммадга даҳли бор,
Илоҳийдан келган сўзнинг сеҳри бор,
Катта карвон ичидасан аёлим.
Кир даврага бузма мени хаёлим.

Ҳавасим бор Умрбек формасига,
Оқибат қадалган ҳар садафига,
Бошим егай унинг буюк адабига,
Катта карвон ичидасан аёлим.
Кир даврага бузма мени хаёлим.

Тўравой жонларин қилади фидо,
Тонг саҳар дўстимдан келади садо,
Мен қилмай ким қилсин айтингиз иддо,
Катта карвон ичидасан аёлим.
Кир даврага бузма мени хаёлим.

Минг раҳмат Баҳромбек рекламасига,
Назм ёзгим келар ҳар мавзусига,
Шеър қўймас ахир уни келмасига,
Катта карвон ичидасан аёлим.
Кир даврага бузма мени хаёлим.

Келинг дўстлар аҳил бўлиб яшайлик,
Оқибатни юрак қалбдан бошлайлик,
Бу гуруҳда дарё бўлиб тошайлик,
Катта карвон ичидасан аёлим.
Кир даврага бузма мени хаёлим.

9.12.2023 йил

Жасурбек ва унинг синглиси

Ўғил-қизлар роҳатини кўрмоқдасиз,
Шул сабабдан қаранг дастурхон кўркам,
Озод юртда давр-у даврон сурмоқдасиз,
Пайғамбар ёшидасиз Саъдулла отам.

Бобойингиз бордир юрагингиз бор,
Қадамни ташлайсиз онажон шаҳдам,
Мард-жасур фарзандлар сиз-ла ифтихор,
Қувончдан шодланар Жумагул опам.

Москва сен усбун учинчи диёр,
Агарда шеър ёзсам қалб ёришгандек,
Бу мусофиримни кўрай бахтиёр,
Мағрур юрар доим укам Жасурбек.

Аёлинг ҳам чидар ҳаёт зарбига,
Унга содиқ яша имкон борида,
Киргин оташ билан нурли қалбига,
Соғинчла йиғлайди бугун Холида.

Ҳавас қилиб қўйдинг ўғлинг исмини,
У доим оқлайди ул қарашингни,
Тақвога тайёрлар бутун жисмини,
Оғабекдек хоҳлайдилар куйлашингни.

Қарабманки есар жайхун шамоли,
Юрагимни елпиб қўяр садолари,
Парда бўлар кўз олдимда жамоллари,
Илк севгиси қалбга кирар наволари,

Юрак йиғлар жон олди деб жафолари.

Ҳаёт

Ҳаёт ёшга ёш қўшди,
Балким ақлимиз ўсди,
Бу қиз юракдан урди,
Кафтларимда тутаман,
Қўлларидан ўпаман.

Улғайишни кутдингку,
Балоғатдан ўтдингку,
Ўн саккизга кирдингку,
Кафтларимдан тутаман,
Қўлларидан ўпаман.

Гар энди розиликни,
Дўндирай совчиликни,
Гапирма бойчиликни,
Кафтларимдан тутаман,
Қўлларидан ўпаман.

Иномаркам қаламим,
Қоғозларда аламим,

Сан юрагим керагим,
Кафтларимдан тутаман,
Қўлларидан ўпаман.

Бўлар ўғил-қизимиз,
Булар бизнинг юзимиз,
Давомчимиз-ичимиз,
Кафтларимдан тутаман,
Қўлларидан ўпаман.

Албат бахтли бўламиз,
Дунёларни кезамиз,
Кўп кўп китоб ёзамиз,
Кафтларимдан тутаман,
Қўлларидан ўпаман.

Менга қанот бўлсанг бас,
Бу емас фақат ҳавас,
Рози бўлгин илтимос,
Кафтларимдан тутаман,
Қўлларидан ўпаман.

Ол қалбим юрагимни,
Ҳис қилай керагимни,

Ешитдингку тилагимни,
Кафтларимдан тутаман,
Қўлларидан ўпаман.
Йўқ дема айтай сўзингни,
Олиб қочма кўзингни,
Ўйла бахтинг ўзингни,
Кафтларимдан тутаман,
Қўлларидан ўпаман.

Кирдик турмуш ёшига,
Кетдик зака бошига,
Тегманг шоир ошига,
Кафтларимдан тутаман,
Қўлларидан ўпаман.

Мен ахир чин севаман,
Юрагимни бераман,
Сенсиз қандай яшайман,
Кафтларимдан тутаман,
Қўлларидан ўпаман.

Қўллар Муҳаммад Юсуро,
Юрар қўлимдан тутиб,
Яйрар руҳи шод бўлиб,
Кафтларимдан тутаман,

Қўлларидан ўпаман.

Муҳаббатдан ёзамиз,
Хаёлларда сузамиз,
Тарихларда қоламиз,
Кафтларимдан тутаман,
Қўлларидан ўпаман.
Чунки ахир севаман.

                              02.01.2023 йил

Дийдор

Шукур қилай замонга,
Файзли дастурхонга,
Қандай ҳурмат меҳмонга,
Нақадар гўзал дийдор.
Ахл зўр дўстларим бор.

Еслар мусофирни,
Билмаслар ҳеч кибрни,
Шиор қилиб сабрни,
Қалбга бағшийда дийдор.
Ахир чин дўстларим бор.

Олқишлар хофизимга,
Қулоқ тутган сўзимга,
У ҳам муҳлис ўзимга,
Бунча чиройли дийдор.
Қаранг шер дўстларим бор.

Жўр бўлиб Саъдулло,
Алишер ўзи тилло,
Гап йўқ Алҳамдурилло,
Минг шукур мана дийдор.
Ташкилотчи дўстим бор.

Тўравой санга раҳмат,
Умрбек топгин ҳурмат,
Дўстлар бўлсин саломат,
Шуни ўзи зўр дийдор.
Олтин сўз дўстларим бор.

Шуҳрат мана сенга шеър,
Ей Аллоҳ мингликни бер,
Даврон тонгги салом деб,
Бардавом бўлсин дийдор.
Дийдорга дўст интизор.

Минг шукур шундай дўст бор.

3.01.2024 йил

Устозим

Юртга мехрингиз ошган,
Ижодда тўлиб тошган,
Ўчмас изингиз қолган,
Сизга мехрим устозим.
Дуо тиловат сўзим.

Қалбларга нур солсангиз,
Ибратли сўз айцангиз,
Бир сўзли мард бўлсангиз,
Сизга мехрим устозим.
Қалбдан айтайин сўзим.

Ленин йўли, ҳуррият,
Кўрмади мағлубият,
Ё пирди у ҳақиқат,
Сизга мехрим устозим.
Забондан чиққан сўзим.

Боғот садоси бўлди,

Қалблар оташга тўлди,
Ҳур бўдик армон ўлди,
Сизга меҳрим устозим.
Дилдаги бору сўзим.

Бугун тараннум айлай,
Руҳингиз билан яшай,
Тунда бирга шеър ёзай,
Сизга меҳрим устозим.
Дилдаги изҳор сўзим.

Мадҳингизни куйлайман,
Назм-у наср ёзаман,
Тонгда ижро қиламан,
Сизга меҳрим устозим.
Оташ юракдан сўзим.

Руҳингиз шод бўлсин,
Қалбингиз нурга тўлсин,
Жисмингиз қалбда юрсин,
Сиз мангусиз устозим.
Биз билансиз устозим.
Сизга хотира сўзим.

     06.01.2024 йил Москва шаҳри

Нурга тўлинг

Дўстлар айцам ҳақиқат,
Менга қилманг шикоят,
Аллоҳим бергин неъмат,
Шеър тинглаб-шердек бўлинг.
Изоҳлаб нурга тўлинг.

Шеър учун излаб ғоя,
Юрсам гоҳ дейди қоя,
Назм сошимда соя,
Шеър тинглаб-шердек бўлинг.
Изоҳлаб нурга тўлинг.

Қилингиз муҳокама,
Кузаца қани ҳамма,
Зўрин ёзаман яна,
Шеър тинглаб-шердек бўлинг.
Изоҳлаб нурга тўлинг.

Руҳ олса бундан кимдир,
Тингловчи дер сен жим тур,
Ўқиб олиб қалбга юр,
Шеър тинглаб-шердек бўлинг.

Изоҳлаб нурга тўлинг.
Илҳом бағрим тилади,
Кўксим ёриб киради,
Хўп ёзишим билади,
Шеър тинглаб-шердек бўлинг.
Изоҳлаб нурга тўлинг.

Шеър маънавий озиқ бер,
Юракларга сатр тер,
Давроний чин сўзни дер,
Шеър тинглаб-шердек бўлинг.
Изоҳлаб нурга тўлинг.

7.01.2024 йил

Термуламан

Личканга қараб қараб термуламан,
Қай бир жойда хато қилиб қўйдим деб.
Бағри дилим тилиб-тилиб ўйланаман,
Сирдошимни хафа қилиб қўйдим деб.

Халоват бўлмади уч кундан бери,
Еганим заҳарга айланиб бўлди.
Хаёлим бунчалар хомушсан деди,
Сени еслайвериб паймонам тўлди.

Худога шукурки яна биргамиз,
Ҳазил-ҳузуллардан айтиб яйрайсан.
Иккимиз ҳам қалби тилка порамиз,
Ҳеч бўлмаса ушбу уйда яшасак.

Группа деганлари бировнинг уйи,
Қадамингни аста босиб кирасан.
Гоҳида бошингни егасан қуйи,
Бир гапни айтолмай чайнаб турасан.

Шоҳона хонамиз бу личка екан,
Еркалаб гапирсак ҳеч ким эшитмайди.
Шоиринг бу жойда шеърларин битар,
Қалбимиз ҳеч кимга бизни сотмайди.

Соат олти телефон жиринглайди,
Мендан ҳам овозлар бориб тушибди.
Сира ҳам жонингдан тургинг келмайди,
Аллоҳим юрагим сенга қўшибди.
Даврон дуоларин дилдан жўшибди …
                              8.01.2024 йил

Севгим

Эҳ дўстларим дардим кўп,
Юрак ёзар шеърлар хўп,
Хаёл айтар расмин ўп,
Ёшликда қолган севгим.
Қўлимда сўлган гулим.

Етмишлади армоним,
Қолмадику дармоним,
Йиллар тортган озорим,
Ёшликда қолган севгим.
Қўлимда сўлган гулим.

Бу биринчи муҳаббат,
Қилолмаганман журъат,
Келмаган сира омад,
Ёшликда қолган севгим.
Қўлимда сўлган гулим.

Беэтибор бефарқлик,
Менга келтирди зорлик,
Сўз қолмади ҳеч шарҳлик,
Ёшликда қолган севгим.
Қўлимда сўлган гулим.

Аллоҳдан сўраб қўйдим,
Муродни тилаб қўйдим,
Тақдирга бураб қўйдим,
Ёшликда қолган севгим.
Қўлимда сўлган гулим.

Ёшларга бахт тилайман,
Ишқни ҳақ деб ёзгайман,
Кўзларинга тутайман,
Ёшликда қолган севгим.
Қўлимда сўлган гулим.

08.01.2024 йил

Дўстим Мақсудбекка

Юрар едик шод хуррам,
Болалик даври кўркам,
Қаторга қўшил сен ҳам,
Қадрдоним Мақсудбек,
Сўзлаб қалбга меҳр ек.

Келсанг дуо қиламиз,
Бу мустажоб биламиз,
Кецанг хафа бўламиз,
Синфдошим Мақсудбек,

Гапир қалбга меҳр ек.

Кўришдик ўша тўйда,
Ахир бошда минг уйда,
Гин-гўдиринг кўйда,
Кир гуруҳга Мақсудбек,
Савлат тўкиб юргин бек.

Ҳаммамиз ҳам соғиндик,
Санга бағримиз очдик,
Йўлинга гуллар сочдик,
Даврага кел Мақсудбек,
Дўстларинг айтганидек.

Аркалаб юр суйдириб,
Душманларинг куйдириб,
Қалбдан армон синдириб,
Синфдошим Мақсудбек,
Қалбга меҳр сўзин ек.

Авлодинг яхши одам,
Дўстим ўйлаб бос қадам,
Давомчиси бўл сен ҳам,
Қадрдоним Мақсудбек,

Мард бўл ғурурли ўзбек.
Дуо қилгин Давронбек.

09.01.2024 йил

Личкамиз яъни иккимиз

Личкамиз бу билсанг гар,
Иккимизнинг уйимиз,
Қалбларимиз севишар,
Уйғонишар ҳиссимиз.

Хабарлашиб бир кунда,
Ёзишамиз уч марта,
Хазил-хузулллар шунда,
Тез-тез айтамиз шарта.

Чунки ёзув ўчади,
Ҳаракатни қилмасак,
Қалблар-қалбга кўчади,
Ушбу жойда яшасак.

Ахир кўп туролмаймиз,
Бу ерда биз меҳмонмиз,

Муттасил яшолмаймиз,
Кимга қарашли жонмиз.

Сани аринг севмасдан,
Кайф-у сафо қилмоқда,
Бизни хотин сезмасдан,
Охир кулфатни кутар.

Жоним ярашиб юри,
Биргамиз бахтиёрмиз,
Уйланиб дейсан тўғри,
Етишолмаган ёрмиз,
Армон бўлган висолга.
Иккимиз интизормиз.

09.01.2024 йил

Юрагим минжиғисан

Бойни боласимасман,
Гуллар сочиб юрмасман,
Ўзим сал шўх боламан,
Сансиз яшай олмасман.

Юрагим минжиғисан,

Отангни инжиғисан,
Латофатларинг ёқар,
Қалбимнинг сандиғисан.

Қалбим қалбингни севди,
Кўнглим кўнглинга қўнди,
Ман сардори ошиққа,
Отанг рози бўмайди.

Ах бермаса бермасин,
Воҳ бу юрак куймасин,
Московга гетиб қолдим,
Шу қиз изим севмасин.

Соғинсанг тез бораман,
Оҳ бағрима босаман,
Отангни зўр кўндириб,
Буюрганим оламан.
Сани билан қоламан.

Жон куйдириб

Група учун жон куйдириб,

Тинчимайди Тўравой.
Хазил билан кулдириб,
Даврага берар чирой.

Сўзни сўрар забондан,
Унинг соғинчи шунча.
Раннжиб ушбу замондан,
Уйланма тонг отгунча.

Хаёл сурма ей жўра,
Оқибат қалбда бўлсин.
Кимдир айтат қўй Тўра,
Сўз чиқмай лабда қолсин.

Не қиласан мажбурлаб,
Бор бизда сўз еркинлик.
Бағринг тилмагин йиғлаб,
Дўстлик емас бир кунлик.

Раҳмим келди ўтирибсан,
Йўқ одамга гапириб.
Хатто қўрқдим жим турибсан,
Пастга қараб, хаёл суриб.

Асабларинг сақлагин,

Ҳали ҳаёт олдинда.
Мани сўзим тинглагин,
Тақдир Аллоҳ назнинда.

Янги йил янги куни,
Дийдир мушарраф бўлар.
Айтиб қўяйин шуни,
Бу қалблар нурга тўлар.
Даврон интизор буни,
Сизни Аллоҳим қўллар.

29.12.2023 йил

Ёнимдаги ўзингсан, ёдимдаги ўзингсан

Етар шунча йўқотганим,
Юрагимни овутганим,
Қалбга ханжар санчганим,
Ёнимдаги ўзингсан,
Ёдимдаги ўзингсан.

Топдим қирқ йилдан ўтиб,
Зардоб-у заҳар ютиб,
Кетмайман энди кечиб,

Ёнимдаги ўзингсан,
Ёдимдаги ўзингсан.

Телефонга қарайман,
Холингни зор сўрайман,
Кўнгил қўймас нетайман,
Ёнимдаги ўзингсан,
Ёдимдаги ўзингсан.

Чалғитаман ўзимни,
Эшитяпсанми сўзимни,
Ёшин артгин кўзингни,
Ёнимдаги ўзингсан,
Ёдимдаги ўзингсан.

Хазил гаплар топасан,
Сирдошим деб ёзасан,
Қалбингдагин айтасан,
Ёнимдаги ўзингсан,
Ёдимдаги ўзингсан.

Қудаларинг галибди,
Яхши тлак айтибди,
Санга тан ҳам берибди,

Ёнимдаги ўзингсан,
Ёдимдаги ўзингсан.

Янги йилла кутлайман,
Жўшиб меҳрим берайин,
Хаёлингда юрайин,
Ёнимдаги ўзингсан,
Ёдимдаги ўзингсан.

30.12.2023 йил

Улуғ бир оилага еҳтиром

Дунёдан камсиз ўтган,
Мана шу кунни кутган.
Касбига меҳрин берган,
Мани Раҳимбой акам,
Излари обод кўркам.

Узоқ ёшлар тилайман,
Онамдай шеър битгайман.
Жаннатимсиз суйгайман,
Мани Лолажон онам,
Дейсиз набирам еркам.

Ижоддан тўхтамаган,
Елнин меҳрин қозонган.
Илм деб куйиб ёнган,
Мани Дилбар онамсиз,
Зулфиямсиз-кабамсиз.

Ёшликдан бирга ўсган,
Ҳатто шўхликлар қилган,
Сирдош-у тенгдош бўлган,
Мани Мақсудбек дўстим,
Кечиргин бўлса кўстим.

Укамдек қадрдоним,
Қалб тоза меҳрибоним,
Ман суйган еътиқодим,
Замондошим Умарбек,
Қалбларга езгулик ек.

Ўғил-қиз тарбиясин,
Дейди она қорасин,
Ўпар она соясин,
Нурли синглим Дилором.
Дилларга берар ором.

Кўп йиллар мусофирда,
Ҳатто бўлди Сибирда,
Риск топади ҳар ерда,
Мард укамдир Юсуфбой,
Ҳавас қилар ҳар бир бой.

Асли касби мантёрлик,
Кўрмади у ҳеч хурлик,
Дейди не керак зўрлик,
Мани Еркинбой укам,
Топганин кўрар баҳам.

Кенжа ўғил мерос хўр,
Яшаши ҳаммадан зўр,
Бор унда нафақа хўр,
Зафаржон укам мағрур,
Дейди тонг саҳардан тур.

Узоққа келин бўлди,
Уйлари нурга тўлди,
Бир етак фарзанд кўрди,
Нилуфар дилкаш синглим,
Сизларга тушган меҳрим.

Ёзди борини кўнглим.

Даврондан рози бўлинг,
Яйранг-ўйнанглар кулинг,
Илоҳо нурга тўлинг,
Яна омадли бўлинг.

Сирли қалбларда қолинг,
Қўлга қаламни олинг.
Буюк шажара ёзинг,
Авлодларга тарқатинг.

                                          31.12.2023 йил

Синфдошим Толибжонга

Қисматларинг битилар,
Туғилганда ёзилар,
Умринг қисқингни терар,
Кавказдадир Толибжон.
Ҳаёт бермоқда имкон.

Зонада бўлдим дема,
Энди ул жойни кўрма,
Дўстинг излаб ҳам борма,
Кавказдадир Толибжон.

Ҳаёт бермоқда имкон.

Ўғил-қизинг борлигинг,
Улар ҳаёт зўрлигинг,
Иффорлигинг-нурлигинг,
Кавказдадир Толибжон.
Ҳаёт бермоқда имкон.

Макон тут ушбу жойдан,
Маслак ол оқар сойдан,
Зўр бўласан ҳар бойдан,
Кавказдадир Толибжон.
Ҳаёт бермоқда имкон.

Майли Боғотга ҳам бор,
Қариндошлар интизор,
Чекмагай ҳеч озор,
Кавказдадир Толибжон.
Ҳаёт бермоқда имкон.

Янги йил тилагим шу,
Бахтли бўл истагим шу,
Деб ўйла керагим шу,
Кавказдадир Толибжон.
Ҳаёт бермоқда имкон.

31.12.2023 йил

Синглим Маъмурахонга

Менинг қалбим тушунган,
Илиқ сўзлар илинган,
Чатда ўрни билинган,
Азизам Мамурахон.
Ёзибсиз кенг дастурхон.

Хаёлимда борибман,
Меҳрим бериб кучибман,
Тушларимда кўрибман,
Сингилжон Мамурахон.
Дўстга очиқ хонадон.

Қутлайман бугун байрам,
Яйранг-қувонинг еркам,
Бу дунё ўзи бир кам,
Қадрдон Мамурахон.
Эски йилдан бор имкон.

Ҳаётнинг ўзи гўзал,
Синглимнинг сўзи асал,
Дейман бўлманг ҳеч касал,

Меҳрибон Мамурахон.
Тезлашмоқдадир замон.

Кўнгил-кўнгилларга мос,
Севиниши менга хос,
Қалбим сизники холос,
Юрагим Мамурахон.
Сизга таъзимда жаҳон.

Ёзмасам шеър бўлмасди,
Армонларим ўлмасди,
Бахт-иқболим кулмасди,
Қалб кўрим Мамурахон.
Дил қутлов айтар Даврон.

31.12.2023 йил

Лекин деган сўзинг етади, Дийдорингни қалбим кутади

Энди сира шеър ёзмайман,
Соғинчларимни ҳам айтмайман.
Ишонинг шарбат тотмайман,
Лекин деган сўзинг етади,
Дийдорингни қалбим кутади.

Алқим билан ишлар қилсам ҳам,
Сени ўйлаб ҳар кун куйсам ҳам,
Қалб сўзимни дилга туйсам ҳам,
Лекин деган сўзинг етади,
Дийдорингни қалбим кутади.

Лекин сўзинг маъноси чукур,
Дейди юрагим хаёлларни сур,
Матонатни тоблайди ғурур,
Лекин деган сўзинг етади,
Дийдорингни қалбим кутади.

Айтгин ахир кимга бўйсунай,
Ол ярагим суғуриб берай,
Кимга керак итларга ташлай,
Лекин деган сўзинг етади,
Дийдорингни қалбим кутади.

Хавасим учун ёзмаяпман,
Ўша севгимдан тонмаяпман,
Кўзинг есдан чиқармаяпман,
Лекин деган сўзинг етади,
Дийдорингни қалбим кутади.

Нега йўлларинги тўсмадим,
Ахир қўлларингдан тутмадим,
Бориблар отангга айтмадим,
Лекин деган сўзинг етади,
Дийдорингни қалбим кутади.
Берарди менга иккиланмай,
Ҳеч бир инсоники тингламай,
Бугун юрар едим йиғламай,
Лекин деган сўзинг етади,
Дийдорингни қалбим кутади.

31.12.2023 йил

Янги йил

Отилиб салют билан,
Бутун дунё юрт билан,
Янги ижод бахт билан,
Кириб келди янги йил.
Севинч улашар кўнгил.

Тинчлик фаровон бўлсин,
Дарёмиз сувга тўлсин,
Бутун орзу ушалсин,
Кириб келди янги йил.

Севинч улашар кўнгил.

Хирмон мўл бўл деҳқонда,
Қалблар қолмас армонда,
Тафтнинг зўри иймонда,
Кириб келди янги йил.
Севинч улашар кўнгил.

Касалларга шифо бўл,
Сўзларимиз даъво бўл,
Кутганимиз зиё бўл,
Кириб келди янги йил.
Севинч улашар кўнгил.

Тилай ёшларга омад,
Юрсин ўйнаб кулиб шод,
Маҳалла бўлсин обод,
Кириб келди янги йил.
Севинч улашар кўнгил.

Дуо бўлсин мустажаб,
Бешикдан бошла адаб,
Будир замондан таълаб,
Кириб келди янги йил.

Севинч улашар кўнгил.

31.12.2023 йил

Мамурахон

Аллоҳ бизни чоғлади,
Тақдиримиз боғлади,
Ўзига ёқ шодланди,
Юзи ой Мамурахон.
Кулса ёришар жаҳон.

Шеърга рухсатин олдим,
Бироз ғоя изладим,
Таърифин дилга солдим,
Юзи ой Мамурахон.
Кулса ёришар жаҳон.

Холига хумор бўлдим,
Кўриб хайратда қолдим,
Ичимга оташ солдим,
Юзи ой Мамурахон.
Кулса ёришар жаҳон.

Кулишлари ёқади,
Қалбга олов солади,
Тушда бўса беради,
Юзи ой Мамурахон.
Кулса ёришар жаҳон.

Бугун тушимда кўрдим,
Қўлимни аста чўздим,
Ёноққа лабим қўйдим,
Юзи ой Мамурахон.
Кулса ёришар жаҳон.

Севги бизга армондир,
Изҳор қилсам ҳайрондир,
Сиз деб ошиқ сарсондир,
Юзи ой Мамурахон.
Кулса ёришар жаҳон.

01.01.2024 йил

Баҳромбек ҳидоятда

Юртга азон чақирар,
Бошин саждага қўяр,
Зикрдан роҳат олар,

Баҳромбек ҳидоятда.
Фарзанди садоқатда.

Ҳар ракат чин юракдан,
Қалблар шоддир тилакдан,
Сўраверингиз ҳақдан,
Баҳромбек ҳидоятда.
Фарзанди садоқатда.

Бир зам сура ўқийсиз,
Қўл кўкракда тутасиз,
Сўнг рукуга борасиз,
Баҳромбек ҳидоятда.
Фарзанди садоқатда.

Имомлик ҳам ярашар,
Фаришталар қарашар,
Шайтон нима талашар,
Баҳромбек ҳидоятда.
Фарзанди садоқатда.

Тақводорни бузолмас,
Шамоатга киролмас,
Ожиз қалбни тополмас,

Баҳромбек ҳидоятда.
Фарзанди садоқатда.

Намозлар қабул бўлсин,
Уйингиз нурга тўлсин,
Биздан оқибат қолсин,
Баҳромбек ҳидоятда.
Фарзанди садоқатда.

01.01.2024 йил

Хотин жўра

Тинчмисан хотин жўра,
Солдинг мани ҳар кўя,
Қарсаклар бўлар яна,
Гал Москвага Нигора.
Қалбим қилма овора.

Хай-хўб дамий ўттиз йил,
Ўйла қани хаёл қил,
Юрак бағрим қилма сил,
Гал-галавер Нигора.
Юрагим бўлди пора.

Умрбек хазиллашар,
Дилбар ҳам оз-моз дишар,
Булар дўст-душман қилар,
Галасанми Нигора.
Қилдинг мани овора.
Ижод гулшанига гир,
Бир ўтир хаёллар сур,
Арингда бўлсин ғурур,
Гал ахир сан Нигора.
Рашк атма Интизорга.

Уни оиласи бор,
Шеър ёзиш бу ифтихор,
Ёзмасам берар озор,
Гал галавер Нигора.
Қалб бўмасин овора.

Дардлаш арсизлар билан,
Ишқсиз дилсизлар билан,
Фахрлан мани билан,
Москвага гал Нигора.
Бўлмисан ҳеч овора.

Яхшисан Маликадан,

Ўрисларинг бир тийин,
Арингa ҳам дим қийин,
Гал Москвага Нигора.
Бўлмисан ҳеч овора.

Чиқиб кутиб оламан,
Бағрими кенг очаман,
Бошингдан зар сочаман,
Гал ёнима Нигора.
Қалбим қилмай овора.
Меҳмонхона ҳам бисёр,
Билсанг енг зўри дийдор,
Галсанг ҳаммаси тайёр,
Гал-галавер Нигора.
Қилмиш ўзинг овора.

Шаҳар билсанг ажойиб,
Бўллисан берда ғариб,
Балкона қилар сариб,
Билсанг бўлди Нигора.
Галсанг бўлди Нигора.
Волга дарё ҳам яқин,
Сувлари оққин-оқдам,
Мансиз яшашинг қийин,
Галавер Нигора.

Қалбим қилмин овора.
Қўймин мани овора.

Нуррилаевич

Салом Нуриллаевич,
Манда эски москвич,
Шеърим янги санга илинг,
Ойбек тилло бошқача.
Мангу қалб оташгача.

Уники дим-дим хазил,
Меникини таги зил,
Ўлсам сал андиша қил,
У шоиринг бошқача.
Менчи қалб оташгача.

Ёзганда ёндираман,
Меҳрингни қондираман,
Йўлларда қолдираман,
Уни шеъри бошқача,
Бу шеър қалб оташагача.

Шеър бўлса шундай бўлсин,

Юракни чертиб билсин,
Вужудинг яйраб олсин,
Ойбек тилло бошқача.
Будир қалб оташгача.

Уч дадинг буниси тўрт,
Унинг шеърларидир мўрт,
Юракда ёнмишдир ўт,
У шоиринг бошқача.
Менку қалб оташгача.

Шеърларим бор йиғлатар,
Хов ёшликка қайтарар,
Булбулларни сайратар,
Унинг шеъри бошқача.
Бу шеър қалб оташгача.

Шеърларда оташ бўлсин,
Мозийга қараш бўлсин,
Шеърлардек нараш бўлсин,
У шоирим бошқача.
Менку қалб оташгача.

Кулиб турсин кўзларинг,
Бўлсин ибрат сўзларинг,
Бугун зўр шеър изладим,
У шоиринг бошқача.
Бу шоиринг оташгача.
Гириб галибди геч ҳам,
Бўлсин дастурхон кўркам,
Кайфда ўтирма ҳеч ҳам,
У шоирлар бошқача.
Будир қалб оташгача.

Юзингдан нур ёғилсин,
Аждодлар қони оқсин,
Илҳом жўш уриб турсин.
Ойбек тилло бошқача.
Даврон қалб оташгача.

Мендан қолар ушбу шеър,
Ижод қилиб тўкдим тер,
Дўстим чиндан сенда бер,
У дўстимиз бошқача.
Даврон қалб оташгача.
Ижод қилар тонгача.
Даврон қалб оташгача.

24.01.2024 йил

Охиқлар

Юрагингни тўлдирар,
Чанқоғингни қондирар,
Оғриқларинг қолдирар,
Ширин нафас охтиқлар.
Улар меҳрин тортиқлар.

Уйга кирсанг чопқиллар,
Қучоғингни тўлдирар,
Қайғуни унуттирар,
Нурга тўлар охтиқлар.
Доим меҳрин тортиқлар.

Гулгун ёнар чехраси,
Битар қалбинг яраси,
Ҳаққа етар нараси,
Ширин забон охтиқлар.
Бизга меҳрин тортиқлар.

Буви деган сўзидан,
Нур чақнаган кўзидан,
Фаришта ой юзидан,
Портлаб турар охтиқлар.

Меҳрини дим тортиқлар.

Бири мактаб, боғчага,
Қўл чўзарлар токчага,
Олар китоб бағрига,
Зиёкорим охтиқлар.
Меҳрин қилар тортиқлар.

Ўқирлар дона-дона,
Юрагим қийнар яна,
Қалбим уларга хона,
Меҳрибон охтиқлар.
Ундан бизни тортиқлар.

Келсалар яйраб қувнаб,
Борлигин қилар шодлаб,
Юрсинлар кулиб-ўйнаб,
Ҳаёт жоним охтиқлар.
Меҳридан дим тортиқлар.

Катта йигит бўлсинлар,
Қизим нурга бўлсинлар,
Ватан хисин тўйсинлар,
Ҳаётим жон охтиқлар.
Бор меҳридан тортиқлар.

Мангуберди, Тўмарис,
Улуғ номи қилса ҳис,
Мозийга боқсам олис,
Дунёси кенг охтиқлар.
Ширин сўзин тортиқлар.

Ширин забоним мани,
Олмоқчи булар ойни,
Дўстларга чақир қани,
Туғилган кун охтиқлар.
Ширинликдан тортиқлар.

Узоқ ёшлар кўргайсиз,
Униб ўсиб юргайсиз,
Буюк олим бўлгайсиз,
Нур таратар охтиқлар.
Меҳрин бизга тортиқлар.
Сизни севар борлиқлар.

                                  25.01.2024 йил

Чой узатдинг

Чой узатдинг мазаси лабда қолди,

Оҳ бир оғиз сўзинг хушимни олди,
Бармоқлар бармоққа тегиб кетганда,
Юрагим жойидан қўзғалиб кетди.

Бунчалар ибони қайдан олгансан,
Нафислик, латофат қалбга жо бўлган,
Атрофга қарасам чиройлилар кўп,
Назар солганларга қараб толгансан.

Нигоҳни айтарлар биттага рухсат,
Илтимос юзингни яна бир кўрсат,
Бўса сўрамасман ўртансин бу жон,
Ойдан тушганмисан нурли бу сийрат.
Асли бу чойнинҳ шираси емас,
Бўлиб қолдим бир жумда маст-аласт,
Аччиқ сўз қадасанг майли розиман,
Ишқ туғёнларин сақлолмас қафас.

Тўғриси шартларим путур етказар,
Ана у бошлиғинг сени кузатар,
Қизғанаман ундан ёмон кўрсанг ҳам,
У менга ўқрайиб сочмоқчи заҳар.

Бермагин унга ҳеч бундай сочингдан,
Бир қадам қўзғалма жилма жойингдан,

Сени унга бериб кўрар аҳмоқ йўқ,
Яна битта туяй ол чиройингдан.

Кейин қарамайман қалбан айтаман,
Ҳуснингиз бир тўйиб сўнгра қайтаман,
Юракка жойладим вужуд-танингни,
Сени бир умрга еслаб ўтаман.

Гўзаллар ичидан еслаб ўтаман,
Тушларимга кирсанг йиғлаб ўтаман,
Кутиш йўқ бу ҳислар бизга бегона,
Васлингга етолмай охир ўтаман.

25.01.2024 йил

Унутиш осонми

Бунча қувонасиз қаҳ-қаҳа отиб,
Бир кунда унутиш осон бўлдими.
Қолдими ё сизга ўшалар ёқиб,
Менга худойимдан жазо келдими.

Ҳали берган гулим сўлмайин туриб,
Яна битта қўлдан гул олиш не ҳол.
Ғоя излаяпман хаёллар суриб,

Сизга шеър битаябман келмасин малол.

Қайда қолди ваъда кеча тун берган,
Атайин қилингиз кўнгли синсин деб.
Биласиз ўтмишим ерда кўмилган,
Қасрга ўтдингизми яна куйсин деб.

Шеърни келар илоҳдан унда у йўқ,
Анжуманда айтилган хўп сўзингиз.
Биласиз юракка ортилган бир ўқ,
Ишқни ўлдирган бу сизнинг ўзингиз.

Юзингизни ювса ёмғир шивири,
Рашким келаверар ҳатто ундан ҳам.
Акангизни ёнар ғазаб у қаҳри,
Қизғонаман сизни булбул-гулдан ҳам.

Булбул сайраб сизга ошиқ бўлмасин,
Қўрқаман сиз мени ташлаб кетишдан.
Ифор тароватни гуллар олмасин,
Улар ҳеч толмайди севиб қолишдан.

Берсангиз уларга ул ишқингизни,
Менчи девона-ю сарсон бўламан.

Берсангиз-қалбингиз юрагингизни,
Шеърим тугатолмай шу он ўламан.
Руҳим ҳам келмайди узоқ кетаман ...

26.01.2024

Айёминг муборак Марҳабо жиян

Ман сабабчи қолишингда Нижнийда,
Ҳамроҳинг бўлганди холанг Хамида,
Кўмакчинг бўлганди қизи Умида,
Айёминг муборак Марҳабо жиян.

Ишлаяпсан тўхтамасдан кўп йиллар,
Азобингдан биламанку қалб йиғлар.
Қор-у ёмғир, совуқлар юрак тиғлар,
Айёминг муборак Марҳабо жиян.

Бегзодла бирга яшаб бахтлисан,
Сани ўзинг Тўмариссан аҳдлисан.
Ҳамма гувоҳ шул сабабдан тахтлисан,
Айёминг муборак Марҳабо жиян.

Нурли пешонангдан бир ўпиб қўйдим,
Меҳр кўп тўйсангиз оҳ тўйиб қўйдим.

Бу шеърни ўхтамай тез ёзиб қўйдим,
Айёминг муборак Марҳабо жиян.
Доимгидек шахтли бўл, қалбимизда ён.
       26.01.2024 йил

Тўртликлар

Виждоним орим дадам,
Умрингиз нурга тўлсин,
Сиз бор келмайди ғам,
Айём муборак бўлсин!
***
Мендан узоқларда бир нурли диёр,
Шу томон бош егиб қиламан таъзим,
Аллоҳим асрагай бўлсин омад ёр,
Бу менинг диёрим буюк Хоразм …
***
Бу жойда ҳақорат ёмон сўзлар йўқ,
Майли ким гумонда бергин ўқисин,
Шундан кейин кўнгли бўла қолсин тўқ,
Дуоларим мудом сени сақласин.

Ишқида куйсин

Кутаман мен тунда шеър ғояларин,
Бир укам тўсатдан қўнғироқ қилар.
Олдим у манга айтар сирларин,
Гапириб-гапириб бағрини тилди.

Дедим сиқилмгин бир шеър ёзаман,
Сенинг ноланг бўлиб унга боради.
Муҳаббат йўлларин шундай чизаман,
Бугун тонгда уни қўлга олади.

Жон синглим нимага аразлаб қўйдинг,
Бу ерда унга ҳеч қизлар боқмайди.
Аччиқ сўз юбориб юрагин тилдинг,
Олдин ёққан-нега бугун ёқмайди.

Илтимос севгингни юракка жойла,
У ўша жойидан отилиб чиқсин.
Қалб изтиробларин дилинга бойла,
Ишқинг оташ бўлиб дунёни ёқсин.

Мен кафилман унинг қалби мусаффо,
Биринчи муҳаббат илоҳдан келар.
Қолма уволига бўлиб бевафо,

У ёқимли бўлиб қалбингга кирар.

У йигит йиғлади бугун тонг саҳар,
Демак-ки у сени чиндан севади.
Қўпол сўзим кечир сочмагин заҳар,
Биламан сен учун жондан кичади.

Тўйингизда ўзим шеърлар айтаман,
Кумушнинг орзуси ушалар шунда.
Илҳом берар бу ишқ яна ёзаман,
У билан суҳбатлаш бир борар кунда.

Хотиржам ишлайди ҳар смен тунда,
Омон бўл сингилжон то кўришгунча.
Дуолар қиламан мен сизга бунда,
Юргин хаёлида тонглар отгунча.
Уни авайлагин ёрим деб суйгин,
Юрагинг кенг тутиб ишқида куйгин.

       28.01.2024 йил

Касал бўлма

Дуода қўлинг мудом,
Қалбингда еса калом,
Синфдошингдан салом,
Сен сира касал бўлма.

Оғриди қалбим дема,
Суймаганни сен севма,
Ўйлайвериб ғам ема,
Сира ҳам касал бўлма.

Катта охтиғинг фахринг,
Ўқитишдир зўр ахтинг,
Доҳо бўлсалар бахтинг,
Сен сира касал бўлма.

Ўғилларинг одобли,
Қизларинг нур офтобли,
Турмушинг сал зардобли,
Сен еса касал бўлма.

Сўзимдан қалбинг сезар,
У ҳам тушуниб етар,
Бир кун инсофга келар,

Сен сира касал бўлма.

Саҳар қувониб тургин,
Яхшига меҳр тутгин,
Илоҳо соғлом юргин,
Сен сира касал бўлма.
Синфдош касал бўлма.

19.11.2023 йил

Гўзалсан

Тутган гулим олмайсан,
СМСлар ёзмайсан,
Бор екан деб боқмайсан,
Сени ўзинг гўзалсан.

Ойга қиёслай юзинг,
Дилга ёқади сўзинг,
Ҳамон ўша қош кўзинг,
Сени ўзинг гўзалсан.

Кўз яшнар кўрса чирой,
Қалбим сен учун сарой,
Илиб кетди қайси бой,

Сени ўзинг гўзалсан.

Қарайберсам расмингга,
Қамраб ол вужудингга,
Шеър битаман васлингга,
Сени ўзинг гўзалсан.

Кўнглинг сира чўкмагай,
Кунинг йиғлаб ботмагай,
Тонглар ғамгин отмагай,
Сени ўзинг гўзалсан.

Бу байтни саҳар ёздим,
Тўйиб меҳрингдан қондим,
Суръатинг кучиб олдим,
Сени ўзинг гўзалсан.
Синфдошим асалсан.

20.11.2023 йил

Мучал тўйи

Хуш келдинг мучал ёшим,
Ота-онам қувнашар.
Кўкларга етар бошим,
Кўплар умр тилашар.

Қарайман катта синф,
Ойна томон мўлжалда.
Қалбим нега ишқсиз қулф,
Кўнглим еса пайкалда.

Очди қалбни чўлпон кўз,
Боқар менга у маъюс.
Айтолмайман ҳеч ҳам сўз,
Порлаб чиқмас сўз дуруст.

Билдиролмам арзимни,
Бир йигит бор изида.
Уюштирдим базмни,
Саксон бирнинг кузида.

Уйга йигит ҳам келди,
Дўстларни меҳмон қилдим.
Қиздан сўз очсам сезди,
Севмаслигини билдим.

Раҳмим келар у қизга,
Жуда ақлли дона.
Илоҳим киргай юзга,
У билан синфхона,

Чирой очарди яна.

21.11.2023 йил

Етти қиз

Етти қизнинг ичидан,
Ажралиб турган ўзинг.
Ўн тўрт кўзнинг ичидан,
Қалбга кирган ҳам ўзинг.

Ешик тарафдан сенга,
Боқсам кўзинг кўраман.
Бу совға керак кимга,
Бағрим тилиб неътаман.

Ишқ ўн икки ёшимда,
Юрагимга қадалди.
Ажаб савдо бошимда,
Муҳаббат деб аталди.

Вос кечмай овораман,
Қалбга севги фазоси.
Машрабдек девонаман,
Яйрар ичда овози.

Қўлга қалам беради,
Ишқимиз жасорати.
Илоҳийдан келади,
Болалик таровати.

Сен ҳақда шеърлар ёзсам,
Кўнглим таскин топади.
Суръатларингни чизсам,
Қалбга меҳр чопади.
Хотирада қолади.

22.11.2023 йил

Наргиза

Доно синглим Наргиза,
Чиройга дамлар олинг.
Бари тушади узра,
Меҳримни қалбга солинг.

Сира сиқилманг ҳаёт,
Ўзи изга солади.
Тунда ёздим бу баёт,
Биздан дийдор қолади.

Отангиз соғ юрисин,

Нурга тўлсин онангиз.
Яхшиликларда кўрсин,
Камол топсин ўғлингиз.

Синглим сира сиқилманг,
Акангизман турибман.
Чидамлисиз букилманг,
Мен ҳам сергак турибман.

Билинг дунёмиз шундай,
Айланади чархпалак.
Кўнгил ёришар кундай,
У ҳам гоҳида халак.

Беш қўл баробар емас,
Ҳар хил яралгандир феъл.
Кўнгил шишаси синмас,
Кўзлардан қуймаса сел.
Қучоқ очиб деса кел.

23.11.2023 йил

Сирдошим

Мен бозорда турардим,

Ҳар хил матолар сотиб.
Узоқда аёл келар,
Ёнида қизин олиб.

Улар яқин келдилар,
Мато баҳосин сўраб.
Менга салом бердилар,
Қизи қиёдан қараб.

Дедилар тўйга мато,
Олмоқчимиз яхшисин.
Юрагим бўлди адо,
Қалбим еса чилпарчин.

Дедим олинг булардан,
Зўр тўшак ёстиқ бўлар.
Еслай мактаб йиллардан,
Бу юрак дардга тўлар.

Ёзсам катта достон бу,
Тарихи жуда узун.
Илк севгимдан армон бу,
Болиш қучаман ҳар тун.

Бу тўшакка сингиб ёт,
Тўкилди кўздан ёшим.
Ёнингда бегона ёт,
Чидамоқда бардошим,
Сен синфдош-сирдошим.

24.11.2023 йил

Синглим бор

Овозлари ёқимли,
Оқ билакли бармоқли,
Лаблари бол қаймоқли,
Хуш суръатли синглим.

Кўзлари нур-у чарос,
Барча қилади ҳавас.
Олмоқда еркин нафас,
Хуш суръатли синглим бор.

Кийимлари ярашган,
Ўтганлар хўп қарашган,
Одоб билан сўрашган,
Хуш суръатли синглим бор.

Ишлар рус кафесида,
Емас зулм қафасида,
У Наманган парисида,
Хуш суръатли синглим бор.

Гўзал хулқи атвори,
Устун номус-у ори,
Шулар ундаги бори,
Хуш суръатли синглим бор.

Ака деб хабар олар,
Дилдан суҳбатлар қурар,
Меҳрла хабар ёзар,
Хуш суръатли синглим бор.
Нуфузли зўр синглим бор.
У туфайли бахтим бор.

25.11.2023 йил

Ғурур шонингиз

Тушимда тўрт мисра шеър есга тушди,
Ўтиниб сўрайман ҳеч касал бўлманг.
Ичимдан бир тўда қушларим учди,
Кундуз кулиб, тунда кўз ёшга тўлманг.

Яна кирди тушга бир соҳибжамол,
Дод солиб уйғондим синглим қаёқда.
Жим туриб малаклар сўз айтолмай лол,
Синглинг ишлаяпти кўргин бу ёқда.

Кўксимга бошингиз қўйинг сингилжон,
Бағримга босайин сочингиз силаб.
Сизга интилади халакдир бу жон,
Ул зотдан тилайман васлингиз сўраб.

Ниҳоят тушимда кўрдим синглимни,
Шодланиб, қувониб, яйраб юрибди,
Унга очиб сочдим ушбу кўнглимни,
Ака деб бўйнимдан шодон қучибди.

Бу ака-сингиллар мудом қадрдон,
Дийдорга муштоқдир агар сърсангиз.
Уларнинг қалбида покиза иймон,
Ажратиб бўлмайди агар билсангиз.

Бизларни кўролмас кимса бўлса гар,
Панага қочасиз мен қалқонингиз.
Сиздан кечмагайман турса ҳам шаҳар,
Бор сизга аёллик ғурур шонингиз.

Акангиз ҳамиша сизнинг жонингиз.
26.11.2023 йил

Нима топдим

Дунёда нима топдим,
Қалбга ором бергувчи.
Буни ҳаётдан олдин,
Бўлманг ёолғон дегувчи.

Сингил топдим иболи,
У кўнглимга яқиндир.
Сўзи ширин хаёли,
Оҳ жилвали тўлқиндир.

Кўзларидан айланай,
Ёмон назардан сақла,
Дийдорига шайланай,
Унга етишдим ҳақ-ла.

Ул зот учун севаман,
Меҳри жуда ортиқча,
Ҳар кун тушда кўраман,
Қалбим унга сандиқча.

Сандиқчада меҳр тўла,
Сўрса жоним бераман,
Азизам қунтла ўйла,
Юрагида қоламан.

Меҳр бергани шунча,
Ҳеч сингилдан кўрмадим.
Ей рафиқам ойимча,
Сени бунча севмадим.
Чунки меҳр топмадим.

      27.11.2023 йил

Соғинсанг агар

Тингла гапирсам бот-бот,
Шундай екан бу ҳаёт.
Суръатимни қучиб ёт,
Мени соғинсанг агар.

Раҳмим келмас ўзимга,
Келди бари бўғзимга.
Қўй бошингни кўксимга,

Мени соғинсанг агар.

Ўп юз-у кўзларимдан,
Баҳра ол сўзларимдан.
Ҳасрат бил бўзларимдан,
Кучгин соғинсанг агар.

Сени жуда соғиндим,
Шундан сенга илиндим.
Илк бора сени севдим,
Оҳ қалбим билсанг агар.

Кипригинг қадалар ўқ,
Ғариб кўнглим энди тўқ.
Илтимосим урма дўқ,
Сен мени севсанг агар.

Тунда оромим қочар,
Шеър ёз деб илҳомим келар,
Қўлда қалам ошиқ ёзар,
Кел куч соғинсанг агар,
Оҳларим бу сен Дилбар!

28.11.2023 йил

www.ingramcontent.com/pod-product-compliance
Lightning Source LLC
LaVergne TN
LVHW020447070526
838199LV00063B/4864